In-Kuba-tion

Don Parakay

In-Kuba-tion

Zwei Badelatscheros auf der Suche nach dem Kuba-Virus

*Bibliografische Information der Deutschen Nationalbibliothek:
Die Deutsche Nationalbibliothek verzeichnet diese Publikation in der Deutschen Nationalbibliografie; detaillierte bibliografische Daten sind im Internet über http://dnb.dnb.de abrufbar.*

© 2015 **Don Parakay**

weitere Mitwirkende: **DoñaParakay**

Website: *www.parakay.blogspot.com*
Facebook: *https://www.facebook.com/donparakay*

Herstellung und Verlag:
BoD - Books on Demand, Norderstedt
ISBN 978-3-7386-2092-4

Inhaltsverzeichnis

Kuba wir kommen..7
Herzlich Willkommen auf Kuba..9
Das liebe Geld...11
Wo geht´s denn hier zur Bushaltestelle?......................................12
Zurück in die Vergangenheit..13
Treffpunkt Kuba..15
Am Strand von Varadero..16
Silvester auf Kuba..17
Eine Nacht am Strand...18
Morgenspaziergang durch Varadero..19
Varadero mit dem Bus erkunden..20
Ein Platz an der Strandbar...22
Ein schlechtes Frühstück braucht viel Zeit...................................23
Der Bauernmarkt von Varadero..24
Fazit Varadero..25
Die berühmten Taxis auf Kuba...26
Kaffeepause auf dem Land..27
Auf der Suche nach dem Zauber der Karibik...............................28
Der freundliche Busfahrer..30
Zwei Nächte Playa Giron...31
Inspektion der Playa Giron...32
Pooltag im Hotel...34
Das Nachtleben von Playa Giron..35
Der mobile Frisör...37
Mit dem Taxi nach Cien Fuego..38
Auf der Suche nach einem Bett in Cien Fuego............................40
Ein Spaziergang durch Cien Fuego...41
Ein Besuch in der Schule..43
Der allgegenwärtige Sozialismus..44
Der feine, kulinarische Unterschied...45
Der Yachthafen von Cien Fuego..46
Ein Nachmittag im Yachtclub..47
Endlich mal eine richtig große Portion, aber...............................48
Fazit Cien Fuego...49

Ankunft in Los Arabos..50
Zu Besuch bei Freunden..51
Der Bahnhof von Los Arabos......................................52
Unter Kubanern mitten in Kuba..................................53
Der Imbiss an der Ecke...54
Das mobile Bierfass..54
Das Automobil in Kuba...56
Kindergeburtstag auf Kuba...57
Mit dem Taxi ins Nirgendwo.......................................58
Baños de Elguea...59
Ein Hotel für uns alleine...61
Unsere Freunde hinterm Tresen.................................63
Die Playa ?..65
Der ultimative Härtetest für Badelatschen.................66
Unterwegs auf Kubas Straßen....................................68
Herzlich willkommen in Havanna...............................70
Havanna erleben..73
Senora Cerveza..74
Die letzten Schlitzohren...75
Auf geht's nach Hause..76
Nachwort..77

Kuba wir kommen

Unser Flugzeug verringert die Geschwindigkeit und geht in den Sinkflug über. In 10 Minuten werden wir auf dem Flughafen von Havanna in Kuba landen. Es ist wolkenlos und die Küste ist deutlich zu erkennen.

Was erwartet uns in Kuba? Wie sind die Leute? Womit überrascht uns die Tier- und Pflanzenwelt? Und eine ganz entscheidende Frage: „Stimmt es, dass auf Kuba das Bier knapp ist?"

Wir sind in der ehemaligen DDR groß geworden und wissen was Sozialismus bedeutet. Doch ist Kuba mit der DDR zu vergleichen und wenn ja, könnten wir heute noch dort leben?

Natürlich haben wir uns im Vorfeld unseres Urlaubes über Kuba schlau gemacht und das Internet nach Informationen über die Insel in der Karibik durchforstet. Dabei stößt man immer wieder auf zwei geteilte Meinungen. Während die Einen sagen: „Nie wieder Kuba!", schwärmen die Anderen von der grünen Insel, auf der über ein halbes Jahrhundert Castros Geige fiedelte. Für uns Grund genug, selbst mal zu schauen und nun befinden wir uns im Landeanflug.

Von hier oben sehen wir geordnete, bewirtschaftete Felder, welche oft kreisförmig angelegt sind. Warum das so ist, können wir in diesem Moment noch nicht erkennen. Später erfahren wir, dass die kreisförmigen Felder wegen der Bewässerungsanlagen ihre runde Form haben.

Unser Flugzeug schwebt über die Vororte von Havanna und die Dächer der Häuser sind zum Greifen nah. Kurz danach setzen wir auch schon auf dem Rollfeld auf und bremsen in Richtung Terminal.

Nur zwei Flugzeuge stehen auf dem Hauptstadtflughafen und warten auf ihre Abfertigung. Mit uns sind es nun drei Maschinen, die das Flughafenpersonal beschäftigen und es hat für mich den Anschein, dass die Kapazitäten des Airport damit auch schon erschöpft sind. Und dann ist es soweit, die Türen zur karibischen Insel werden geöffnet.

Herzlich Willkommen auf Kuba

Das Flughafeninnere von Havannas Airport begrüßt uns in einem satten kommunistischen Einheitsrot. Es ist sehr ruhig an den Kofferbändern und irgendwie werde ich das Gefühl nicht los, genaustens beobachtet zu werden. Das Visa, das wir vor Reiseantritt erworben haben, ist die Eintrittskarte zum real existierenden Sozialismus. Die Preise für das Einreisevisum variieren zwischen 20,- Euro und 25,- Euro und man erhält es vor Abflug bei der jeweiligen Fluggesellschaft, über das Reisebüro oder die Kubanische Botschaft.

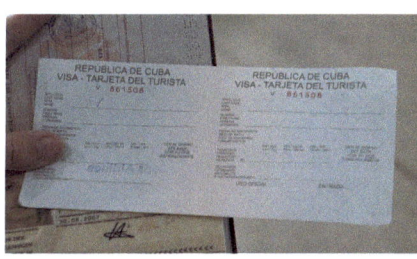

Das Flughafenpersonal hat einheitliche Uniformen. Auffällig sind aber die grobmaschigen Netzstrumpfhosen der weiblichen Bediensteten, welche in den verschiedensten Mustern durch die Flughafenhallen stolzieren. Durch die geordneten Reihen vor der Passkontrolle schlängelt sich eine schokoladenbraune Schönheit und fragt die Einreisewilligen, nach eventuell zu verzollenden Waren. Das Fräulein Kuba hat sich eine lila Strähne ins

Haar gefärbt und ihre Uniform hebt sich deutlich von denen der anderen Angestellten ab. Sie trägt ein, passend zur Strähne, lilafarbenes Hemdchen und einen so knappen Minirock, dass man nicht nur einen freien Blick auf die Strapse, sondern auch den Ansatz der runden Pobacken erhaschen kann.

An der Passkontrolle ist Einzelabfertigung. Zwei auf den Boden gemalte Fußabdrücke positionieren den Reisenden genau vor die Kamera in die dann freundlich gelächelt werden kann. Ein paar Fragen zum Aufenthaltsort, Bekanntschaften auf Kuba oder dem Zweck der Reise müssen beantwortet werden und dann darf man auch schon sozialistischen Boden betreten.

Bien Venido en Cuba!

Das liebe Geld

Das Währungssystem in Kuba ist nicht gerade unkompliziert, denn das Land hat zwei offizielle Zahlungsmittel. Zum einen ist da der CUC, welcher dem Wert eines amerikanischen Dollar entspricht und die kompatible Währung Kubas darstellt, sozusagen die Touristenwährung ist. Dem gegenüber steht der kubanische Peso CUP, der die eigentliche Währung für Kubaner auf der Insel ist. Gerade in den Touristengebieten, aber werden die Preise hauptsächlich in CUC angegeben und auch in CUC bezahlt. Ein CUC entspricht 1,- Dollar oder 25 Peso.

Noch am Flughafen wollen wir unser Geld tauschen und suchen uns eine Wechselstube. Diese ist auch relativ schnell gefunden, da der Flughafen doch sehr übersichtlich ist. Wir stellen uns an die Warteschlange und müssen uns 5 Minuten gedulden, bis wir dran sind. Die nette Frau hinter der Glasscheibe sagt uns, dass wir am falschen Schalter sind, denn bei ihr würden nur abfliegende Gäste bedient. Außerdem wäre einer unserer Euro-Scheine ungültig, weil er einen kleinen Riss hat. Wir wollen gerade gehen, da winkt uns ein Uniformierter zu sich und verweist uns an den Schalter, direkt neben der Wechselstube. „Probiere es mal dort."

An diesem Schalter wird eigentlich die Ausreisesteuer entrichtet, aber als wir unsere Euros über den Tresen schieben, werden diese ohne Umwege umgetauscht. Auch der kaputte Euroschein mit Riss.

Wer in Kuba einreist sollte nicht versuchen amerikanische Dollar zu tauschen, denn die USA ist immer noch Kubas Erzfeind und so wird beim Dollartausch ein Gebührenaufschlag von 10 Prozent fällig. Wir haben jetzt CUC in der Tasche und können nun mit voller Kraft in den Konsum Kubas einsteigen.

Wo geht´s denn hier zur Bushaltestelle?

Hat man keine Pauschalreise mit Rundumbetreuung gebucht, sondern ist, so wie wir, auf eigene Faust in Kuba unterwegs, steht man am Flughafen schon das erste Mal vor einer kniffeligen Aufgabe. Wie kommt man am besten vom Flughafen weg? Wir erkundigen uns beim Flughafenpersonal nach einer öffentlichen Bushaltestelle, wobei ich schnell merke, dass die Kubaner mit einer öffentlichen Bushaltestelle nichts anfangen können. So werden wir von Einem zum Anderen geschickt und landen letztendlich bei der Touristeninformation. Dort empfängt uns eine sehr nette Kubanerin, mittleren Alters. Sie erzählt uns gleich, was es bei ihr zu Hause, am Abend zu essen gibt und nach 20 Minuten kennen wir die gesamten Familienverhältnisse der sympathischen Frau. Was immer noch fehlt, ist die Antwort auf die Frage nach einer Bushaltestelle. Die Quasselstrippe ist groß gewachsen und hat einen guten Überblick über die Empfangshalle des Flughafens. Sie zückt ihr Walki Talki und funkt eine Kollegin an, welche dann kurze Zeit später zu uns stößt. Gleich darauf verschwindet diese auch schon wieder, mit dem Hinweis, dass sie uns einen Bus sucht. Wir bleiben gespannt stehen und lauschen weiter den Ausführungen der netten Inselauskunft. Nach schnellen zehn Minuten ist deren Kollegin auch wieder zurück. Dieses Mal hat sie einen Taxifahrer an der Hand und freut sich uns mitteilen zu können, dass uns dieser überall hinbringt. Ein Bus stehe heute leider nicht mehr zur Verfügung. Wir hätten auch noch Glück, denn das Taxi ist ein Großraumtaxi und so wird die Fahrt für uns viel billiger, weil der Fahrpreis durch mehrere Fahrgäste geteilt wird. Wir handeln einen Preis von 30 Dollar pro Person aus, wofür uns der Chauffeur in das 120 Kilometer entfernte Varadero bringen soll. Mit uns sitzen dann letztendlich 8 Personen in dem geräumigen Kleinbus. Alle wollen nach Varadero und jeder löhnt 30,- Dollar.

Taxifahrer auf Kuba ist, angesichts eines durchschnittlichen Monatslohn von 40,- Dollar, bestimmt nicht der schlechteste Job.

Zurück in die Vergangenheit

Unser Taxi ist startklar und setzt sich in Richtung Varadero in Bewegung. Wir verlassen das Flughafengelände und fahren auf einer dreispurigen Autobahn.

Die Straße ist leer und erinnert ein wenig an das Fahrverbot während der Ölkrise 1973.

Dann kommen uns doch ein paar Fahrzeuge entgegen und wir sehen Sie zum ersten Mal. Die alten amerikanischen Straßenkreuzer, mal in ausgezeichnetem Zustand, mal schrottreif. Dazu versetzen uns Moskwitsch, Lada und Skoda in die Zeit vor dem Mauerfall. Besonders auffällig sind die vielen Motorräder der Marke Jawa und MZ aller Baujahre. Wir bestaunen die über 25 Jahre alten Relikte, welchen man ihr Alter nicht ansieht und damit das Motorrad auch richtig wirtschaftlich arbeitet, haben viele einen Beiwagen an der Seite kleben. Die Autos die wir sehen sind immer voll besetzt und Fahrgemeinschaften scheinen auf der karibischen Insel absolut normal zu sein.

So legen wir unsere ersten 120 Kilometer auf Kubas Straßen zurück und gewöhnen uns langsam an das nostalgische Straßenbild, aus einer Mischung von DDR, UdSSR, Dominikanischer Republik und Amerika der 60-er Jahre.

Treffpunkt Kuba

Es ist Silvester und wir wollen uns mit Freunden treffen, die schon ein paar Tage auf Kuba Urlaub machen. Unser Taxifahrer bringt uns, zu der von uns angegebenen Adresse in Varadero. Varadero ist eine Touristenhochburg mit feinem, weißen Sandstrand und allem was das Urlauberherz begehrt. Wer hier kein Hotel reserviert hat wird trotzdem keine Schwierigkeiten haben, eine Unterkunft zu finden.

Auch wir brauchen noch ein Bett und bekommen bei unserem ausgemachten Treffpunkt sofort ein Zimmer. Casa Particulares heißen auf Kuba die kleinen Privatpensionen, welche es in den Touristenorten zur Genüge gibt. Wir erhalten die Schlüssel für ein kleines gemütliches Zimmer mit Doppelbett und Dusche. 30,- CUC kostet hier eine Übernachtung und will man ein Frühstück dazu haben, muss man nochmal 5,- CUC pro Person drauflegen. Wir stellen unsere Koffer ab, springen schnell unter die Dusche und ziehen die Badehose an. Unsere Vermieterin erzählt uns, dass unsere Freunde in direkter Nachbarschaft wohnen und sie jetzt wahrscheinlich am Strand anzutreffen sind. Dieser ist nur 2 Gehminuten von unserer Unterkunft entfernt und es stellt sich heraus, dass unsere Vermieterin recht hat. Denn gleich an der ersten Strandbar sitzen Sie. Treffpunkt Kuba , das hat also schon mal geklappt.

Am Strand von Varadero

In vielen Reiseführern wird der Strand von Varadero als langer, weißer Sandstrand beschrieben und gilt mit als der Schönste der Insel. Das müssen wir uns natürlich anschauen und so verbringen wir unseren ersten Nachmittag am Strand von Varadero.

Und es stimmt. Feiner, weißer Sand ist da. Auch das Wasser ist sauber und der Atlantik lädt zum Baden ein und bietet dazu gute Bedingungen für Kitesurfer. Was uns fehlt ist irgendwie das Inselfeeling. Keine Palmen, die ins Meer ragen und auch wenn der Strand nicht überfüllt ist, so ist man doch nirgends alleine. Dafür findet man aber alle 100 Meter, hinter den Dünen eine kleine Strandbar, die auf einen leckeren Mojito oder Cuba Libre einlädt. Auch wir steuern zum Abschluss unseres Badenachmittags eine dieser kleinen Bars an und ich stelle fest, das hier von Bierknappheit nichts zu merken ist. Für einen Mojito zahlen wir 1,50 CUC genauso für die 0,33 Liter Dose Bier. Wir bleiben bis zum Sonnenuntergang und heizen schon mal unsere Feierlaune an. Schließlich notieren wir den 31.Dezember und bald beginnt die Silvesterparty.

Silvester auf Kuba

Wir sind eingeladen, die Silvesternacht bei unseren Vermietern zu verbringen. Diese Einladung nehmen wir gerne an und besorgen noch schnell ein paar Dosen Bier und eine Flasche Havanna Rum im nahe gelegenen „Supermarkt". In dem großen Innenhof unserer Casa Particular stehen Tische und Stühle, welche bald alle besetzt sind. Die ganze Familie und deren Freunde haben sich zur Silvesterparty eingefunden und ein Spanferkel liegt auch auf dem Grill. Es wird ausgelassen gefeiert und vom armen Kuba ist dabei überhaupt nichts zu merken. Bis Mitternacht wird Bier getrunken, Gläser mit Rum geleert und der Hunger mit saftigem Spanferkel bekämpft. Um 0.00 Uhr ist es dann soweit und wir begrüßen das neue Jahr.

Eigentlich eine Silvesterparty, wie sie überall auf der Welt sein könnte. Die Menschen liegen sich in den Armen und beglückwünschen sich zum Jahreswechsel. Doch dann passiert etwas, was ich noch nicht kannte. Einige von den anwesenden Gästen holen Koffer aus ihren Häusern und versammeln sich auf der Straße. Hier treffen sie sich mit Gleichgesinnten und so stehen schnell geschätzte 1000 Kubaner auf der Hauptstraße von Varadero. Dann setzt sich die Menschenmenge laut grölend in Bewegung. Nach knappen 5 Minuten löst sich der Umzug genauso schnell wieder auf, wie er sich gebildet hat. Auf meine Frage, was das zu bedeuten hat, bekomme ich die Antwort: „Wir demonstrieren für Reisefreiheit."

Na dann, Prost Neujahr.

Eine Nacht am Strand

Meine Frau hat manchmal verrückte Ideen. So auch am frühen Morgen des 1. Januar. Die Silvesterparty neigt sich dem Ende und meine liebe Gattin möchte diese Nacht gern am Strand schlafen. Ich füge mich meinem Schicksal, schnappe 2 Handtücher und dann liegen wir auch schon unter sternenklarem Himmel am Strand und hören das Meer rauschen. Der Rum zeigt seine Wirkung und wir schlafen schnell ein. Gegen 5.00 Uhr jedoch ist die Nacht zu Ende, denn mir ist kalt und überall kratzt der Sand. Jetzt aber doch ab ins Bett! Und noch ein wenig die Nachtruhe fortsetzen.

Bis mich am Morgen das Klicken meiner Kamera weckt.

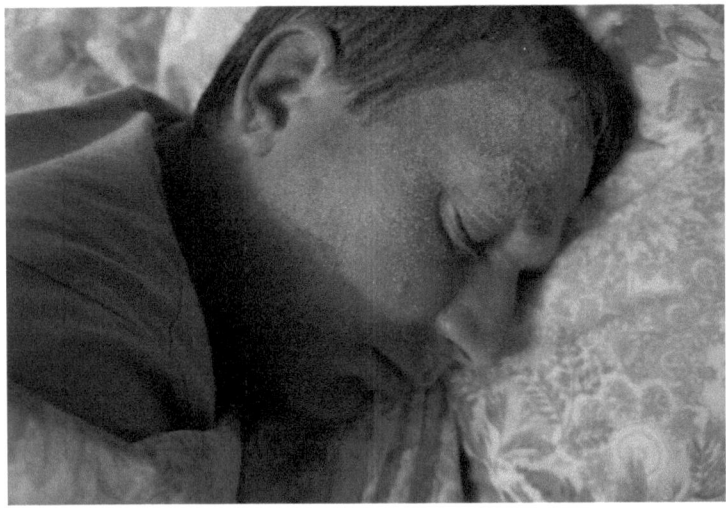

Morgenspaziergang durch Varadero

Die Uhr zeigt kurz nach 7.00 Uhr und wir stehen schon in den Startlöchern zu einem morgendlichen Spaziergang durch Varadero. Es ist ruhig auf der Hauptstraße und die Sonne taucht die Häuser in ein  warmes Licht. Ein Käfig mit Kanarienvögel hängt an einem Baum und die Vögelchen trallern ihr Liedchen in die klare, warme Luft. Die Stadt erwacht langsam und die Kubaner beseitigen die Überreste der gestrigen Silvesternacht. Dabei fällt mir auf, dass es auf Kuba sehr sauber ist. Auf den Straßen sieht man selten irgendwelchen Müll und auch die kleinsten Gassen sind gefegt und aufgeräumt.

Wir bekommen Hunger und suchen nach einem Frühstück, doch es ist überall noch 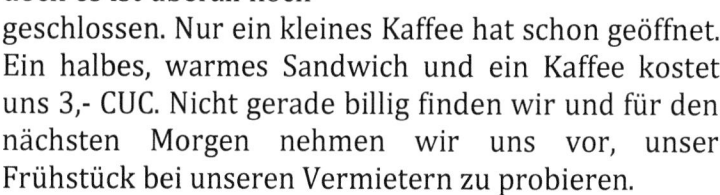 geschlossen. Nur ein kleines Kaffee hat schon geöffnet. Ein halbes, warmes Sandwich und ein Kaffee kostet uns 3,- CUC. Nicht gerade billig finden wir und für den nächsten Morgen nehmen wir uns vor, unser Frühstück bei unseren Vermietern zu probieren.

Varadero mit dem Bus erkunden

Wir beschließen eine Rundfahrt durch Varadero mit dem Cabrio-Bus zu unternehmen. Bushaltestellen für den doppelstöckigen Bus befinden sich alle paar hundert Meter entlang der Hauptstraße. Den Fahrschein, welcher den ganzen Tag gültig ist, erwirbt man für 5,- CUC im Bus und ist dann berechtigt, überall ein- oder auszusteigen.

Der Bus fährt durch ganz Varadero, vorbei an den neuen großen Hotelanlagen namhafter Hotelketten und wir steigen an einem Einkaufscenter für Touristen aus. Hier gibt es Klamotten, Souvenirs, Technikartikel und jeden Menge Restaurants. Eine Liveband sorgt für Unterhaltung und presst mit ihrem Salsa-Rhythmus kubanische Lebenslust in die Einkaufspassage.

Ein Cuba Libre und eine Pina Colada kosten uns zusammen 10,- CUC, wobei das Glas Pina

Colada nur halb voll ist. Nachdem wir der Band dann eine erbettelte Spende in ihren Hut geworfen haben, verlassen wir das Einkaufscenter und steigen wieder in den Bus.

Unser nächster Stopp ist der neue Yachthafen von Varadero. Hier wartet man sehnsüchtig auf die reichen Amerikaner, die irgendwann vielleicht mal nach Kuba reisen dürfen und dann mit ihren weißen Booten am Kai anlegen. Doch bis dahin wird wohl noch einige Zeit vergehen. Das Mittagessen im Hafen verkneifen wir uns nach einem kurzen Blick in die Speisekarte, die mit Preisen ab 25,- CUC ordentlich gepfeffert ist.

Das waren auch schon die Höhepunkte von Varadero. Wir erklären unsere Stadtrundfahrt hier für beendet und entschließen uns den Rest des Tages, bei einem lecker Bierchen am Strand zu verbringen.

Ein Platz an der Strandbar

Wenn der Durst oder Hunger am Strand von Varadero kommt, braucht man nicht lange nach einer Erfrischung oder einem leckeren Cocktail zu suchen. In direkter Strandnähe gibt es viele Restaurants und Bars die auch gegen den knurrenden Magen etwas bereit halten. Dabei ist das Angebot an Speisen sehr unterschiedlich. Hühnchen und Fisch gibt es fast überall. Nach einem saftigen Schweinesteak muss man schon suchen und wenn man Rindfleisch essen möchte braucht man eine gehörige Portion Glück um welches zu bekommen. Rindfleisch ist knapp auf der Insel und das meiste davon geht zu den Urlaubern in die großen Hotelketten. Ein Barmann erzählte uns, dass das private Rinderschlachten sogar verboten ist. Selbst wenn es die eigene Kuh ist stehen 30 Jahre Gefängnis darauf. Ob das nun unbedingt der Wahrheit entspricht, kann ich nicht mit Sicherheit sagen.

Wir hatten inzwischen unsere eigene kleine Stammstrandbar, in der es, laut meiner Frau, den besten Mojito der Stadt gab. Bier hatte der enge, aus Holz zusammengenagelte Laden auch zur Genüge und so konnte man sich schnell am Tresen festsetzen. Eigentlich gab es hier nur Getränke, doch wenn wir etwas zu essen wünschten, wurde auch dieses herbei geschafft.

Die Preise in den Restaurants und Bars von Varadero unterscheiden sich oft deutlich. An unserer kubanischen Holzbar zum Beispiel zahlte ich für einen Mojito oder eine kleine Dose Bier 1,50 CUC. Im Restaurant, eine Ecke weiter, kostete das gleiche Döschen Bier 2,50 CUC und der Mojito 3,-CUC.

Na dann, auf die Gesundheit.

Ein schlechtes Frühstück braucht viel Zeit

Wir hatten auf der Terrasse eines kleinen Hotels Platz genommen. Auf die Karte mussten wir nur zehn Minuten warten und entschieden uns für einen Obstsalat, einen Orangensaft, einen Ananassaft, zwei Kaffee, zwei Sandwichs und zwei Portionen Rührei. Nach ca. dreißig Minuten kamen die georderten Säfte. Der Orangensaft war Guavensaft und der Ananassaft war, ja auch Guavensaft. Egal, so warteten wir auf das, was noch kommen sollte. Nach weiteren fünfzehn Minuten wurde dann der Obstsalat gebracht, der aus fünf Scheiben Ananas bestand und wieder fünfzehn Minuten später stand das Rührei schon auf dem Tisch. Ich wusste bis dahin nicht, das man aus einem Ei zwei Portionen machen kann. In dieser Lokalität ging das aber. Weitere zehn Minuten später sauste auch das Sandwich, das aus einer Scheibe Toast, belegt mit einer dünnen Scheibe Käse bestand, um die Ecke. Na ja, warten wir mal auf den Kaffee, vielleicht macht der ja satt. Doch es schien, als wurde dieser vergessen. Irgendwie hatten wir nun aber auch gar keinen Kaffeedurst mehr und bestellten die Rechnung, wobei wir Glück hatten, dass die Kellnerin gerade zufällig an unserem Tisch vorbei kam. Die Rechnung lag prompt in atemberaubenden fünfzehn Minuten bei uns und welch Wunder, der Kaffee war mit auf dem Tablett. Die Tassen waren nur halb voll, aber dafür war der Kaffee schön kalt. Auf der Rechnung stand dann 14,- CUC. Wow, ein stolzer Preis. Und als wir uns erkundigten warum der Obstsalat 4,- CUC anstatt 3,- CUC, wie in der Karte ausgeschrieben kostete, mault uns die Frühstücksfee an. „Obstsalat ist aus und Ananas kostet eben mehr."

Nach gefühlten zwei Stunden waren wir zwar nicht satt, aber konnten den Laden wieder verlassen. Einen Häuserblock weiter entdeckte ich dann ein kleines Fenster, aus dem Hamburger verkauft wurden. Wir bestellten uns zwei und bekamen üppige Fleischbrötchen für 1,- CUC das Stück.

Der Bauernmarkt von Varadero

Jeden Samstag ist Markttag in Varadero. Ein wenig versteckt, in einer Seitengasse bieten die regionalen Bauern ihre Waren an. Am Eingang zum Markt verkauft eine Frau Plastiktüten für den Einkauf. Die meisten Leute haben aber ihre Einkaufstaschen, Körbe oder Tüten dabei. Auf dem Markt gibt es Eier, Gemüse und Fleisch. Bezahlt wird in Peso und wer mit CUC bezahlt bekommt als Wechselgeld auch Peso. Wir kaufen vier Kilo Schweinefleisch für den bevorstehenden Grillabend. Ein Kilogramm kostet 2,50 CUC und das Fleisch wird uns in gewünschte Stücke zerteilt. Am Ende landen noch frische Tomaten, Zwiebeln und Gurken mit in der Einkaufstüte.

Der Markt in Varadero, für uns war es das erste Stück echtes Kuba.

Fazit Varadero

Für Sonnenanbeter und Strandliebhaber ist Varadero mit seinen Luxushotels gewiss eine gute Adresse. Doch für Reisende, die Kuba, seine Menschen und die Kultur kennenlernen wollen, hat Varadero nicht viel zu bieten. Ein zweitägiges Programm und man kennt die Stadt von vorne bis hinten. Verweilt man nun länger hier, hat man die Wahl zwischen Sonne, Strand und Cuba Libre. Doch muss man dafür unbedingt nach Kuba reisen? Wir packen nach drei Tagen unsere Koffer und ziehen weiter, auf der Suche nach dem Kubavirus.

Die berühmten Taxis auf Kuba

Unser Taxi ist bestellt und steht pünktlich um 7.30 Uhr vor unserer Haustür. Es ist einer dieser vielen, alten amerikanischen Straßenkreuzer, der von seinem Besitzer geliebt und gepflegt wird. Insgesamt sechs Leute haben darin Platz und da in Kuba kein Platz verschenkt wird, steigen auch wir zu sechst in den gut erhaltenen Oldtimer, dessen Marke ich leider nicht weiß, ein. Der Motor blubbert laut und gleichmäßig und das alte Gefährt ist überraschend bequem.

Die Fahrt dauert gerade mal fünfzehn Minuten, als wir von der Polizei angehalten werden. Es stellt sich heraus, dass der Führerschein des Fahrers abgelaufen ist und er sein Auto stehen lassen muss. Doch wir brauchen nicht lange auf der Straße stehen, denn unser Chauffeur hat schnell einen neuen Fahrer, mit einem vielleicht noch älteren Auto, organisiert und schon sind unsere Koffer umgeladen und die Reise geht weiter.

Die gleichen Motorengeräusche und genauso viel Platz wie im Auto zuvor. Nur die Farbe ist jetzt rot statt blau.

Später fahren wir noch oft mit diesen amerikanischen Limousinen und irgendwann werden sie zur Normalität für uns, wobei jedes Fahrzeug seine eigene Geschichte hat.

Kaffeepause auf dem Land

Wir fahren durch eine kleine Stadt im Inland von Kuba. Pferdekutschen und Fahrräder bestimmen das Straßenbild. Nur selten ein motorisiertes Fahrzeug.

An einer Kreuzung machen wir Halt. Auf der Straße stehen Menschen und scheinen auf irgendetwas zu warten. Wir entdecken eine kleine Imbissbude an der Straßenecke. Frisch gepresster Fruchtsaft für 2 „Peso cubano"! Ein Käsebrot für 3 Peso und das Schinkenbrot für 5 Peso! So kauft man also auf dem Land ein. Wir bestellen uns ein Frühstück und für 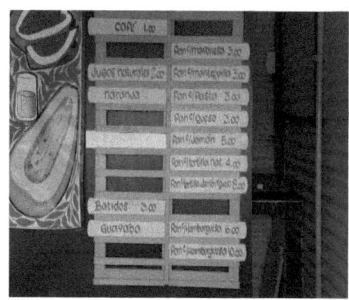 insgesamt 7 Peso pro Person sind wir gut satt und gestärkt für die Weiterfahrt. Den Kaffee, auch wenn es nur eine kleine Tasse voll ist, gibt's für 1 Peso fast gratis dazu. Während wir im touristischen Varadero für ein Frühstück 7,- CUC auf den Tisch legen mussten, bekommen wir es auf dem Land für 7 Peso cubano. Für 7,- CUC könnten wir also hier 25 Tage frühstücken und würden dafür sogar satt werden. Ist das sozialistische Gerechtigkeit?

Auf der Suche nach dem Zauber der Karibik

Unser Ziel ist die Playa Larga. Laut einiger Reiseführer, ein lang gestreckter, weißer Sandstrand mit Karibikgarantie. Unser Taxifahrer hält an und meint, wir wären da. Wir schauen auf ein großes eingezäuntes Gelände, welches den Charme einer alten Ferienanlage der DDR versprüht. Kleine Bungalows stehen dicht bei dicht und werden durch ein paar Kokospalmen beschattet. Wir laufen durch ein großes geöffnetes Tor und man fragt uns, wo wir hin wollen. „Wir suchen ein Zimmer und den Strand." Daraufhin nimmt man uns an die Hand und führt uns durch die Bungalowsiedlung, bis wir am Strand landen. Weißer Sand ja, aber sonst nichts besonderes. Wir lassen uns ein Bungalow zeigen und finden 45,-CUC für ein Doppelbett nicht angemessen.

Das ist nicht das, was wir suchen. Ein bisschen enttäuscht steigen wir wieder in unser Taxi und fahren weiter.

Auf einmal ist alles inklusive

Wir sind auf dem Weg zur Playa Giron und brausen entlang der Karibikküste durch menschenleere Gebiete. Der Blick von der Straße zur offenen See wird durch einen dichten Mangrovengürtel versperrt. Und dann steht dort plötzlich im Niemandsland ein Schild. „Punta Perdiz" ist darauf in großen Buchstaben geschrieben. Wir beschließen spontan zu stoppen und bezahlen unseren Taxifahrer.

Es ist eine kleine, privat betriebene Bucht mit vorgelagertem Korallenriff. Ein idealer Platz zum schnorcheln. Am Eingang klärt man uns über die

Gegebenheiten auf. Es gibt ein Restaurant, eine kleine Strandbar und viel Karibik mit bunter Unterwasserwelt. 15,- CUC kostet der Eintritt und mit diesem Eintritt ist Essen und Trinken bezahlt, alles inklusive eben.

Wir zahlen und nach einem leckeren Mittagessen vom reichhaltigen Buffet, folgt ein erfrischendes Bad

in den Wellen der Karibik.

Damit sich die Investition in „Alles Inklusive" auch lohnt, werden aus einem bestellten Drink an der gemütlichen Strandbar dann schnell einige mehr und das eisgekühlte Fassbier lässt die Bar für uns zur Hauptatraktion an diesem Nachmittag werden. Bis siebzehn Uhr ist die Anlage geöffnet und diese Zeit nutzen wir bis zur letzten Sekunde, bevor wir dann leicht beschwipst, aber gut gelaunt wieder auf der Küstenstraße stehen.

Der freundliche Busfahrer

Es ist halb sechs Uhr und ein Strandnachmittag am Punta Perdiz ist zu Ende. Wir wollen heute noch nach Playa Giron und uns dort ein Zimmer suchen. Also stehen wir an der Küstenstraße und warten auf den Busfahrer, den wir am Nachmittag kennengelernt hatten. Dieser hatte versprochen, uns am Abend abzuholen und an unseren fünfzehn Kilometer entfernten Zielort zu fahren.

Fast pünktlich zur verabredeten Zeit biegt er dann auch tatsächlich um die Kurve und hält direkt vor unserer Nase. Übrigens ist es das einzige Fahrzeug, das wir in fünfundvierzig Minuten Wartezeit zu Gesicht bekommen. Wir sind fünf Personen und es wird ein Gesamtpreis von 25,- CUC ausgehandelt, die ohne Umwege direkt in der Hosentasche des Busfahrers verschwinden. Den komfortablen, klimatisierten Reisebus eines großen Tourunternehmens haben wir nun ganz für uns alleine und unser Chauffeur kennt natürlich die beste Casa Particulares in Playa Giron, zu der er uns auch direkt bis vor die Tür fährt.

Anmerkung: Der freundliche Kubaner
Wenn man einen Kubaner nach einer Unterkunft, einem Taxi, einem Restaurant oder was auch immer fragt, hat man diesen sofort am Rockzipfel kleben und wird ihn auch nicht eher wieder los, bevor nicht das Objekt der Begierde gefunden wurde. Dabei helfen sie einem nicht etwa aus christlicher Nächstenliebe oder purer Freundlichkeit, sondern sie verdienen an jedem Geschäft mit, das sie ihren Landsmännern vermitteln. Sie kennen immer jemanden, der die günstigste Pension

hat, der das beste und preiswerteste Essen auftischt oder ihr Freund fährt einen, für ein ganz schmalen Taler überall hin.

Nach wenigen Tagen auf Kuba haben wir es vermieden irgendjemand etwas zu fragen, denn diese „Hilfsbereitschaft" ging uns mit der Zeit ganz schön auf die Nerven und wir hatten immer das Gefühl, als seien wir blöde Touris, die eine Gelddruckmaschine in der Tasche haben.

Zwei Nächte Playa Giron

Wir haben uns für Zwei Nächte in einer Casa Particular, am Rande von Playa Giron einquartiert. 25,- CUC kostet das Doppelzimmer und 5,-CUC das Frühstück pro Person. Die Zimmer sind sauber und gemütlich eingerichtet. Auch der Biervorrat im Kühlschrank stimmt und so haben wir einen guten Ausgangspunkt um uns das kleine Städtchen und den Strand anzusehen.

Die Playa Giron ist ein historischer Ort, denn in dessen Nähe landeten 1961 von den USA unterstützte Exilkubaner, um Castro die erste Geige im Lande wieder abzunehmen. Die Invasion scheiterte schon nach drei Tagen und wurde von der zahlenmäßig überlegenen kubanischen Armee abgewehrt.

Inspektion der Playa Giron

Nach einem ausgiebigen Frühstück, starten wir morgens um 9.00Uhr unsere Erkundung von Playa Giron. Wir laufen durch die Siedlung, die etwas kahl wirkt. Hauptanziehungspunkt ist hier ein großes, mit Palmenwedel gedecktes Dach, unter dem sich ein Restaurant und eine kleine Bar befindet. An dieser wird Kaffee ausgeschenkt und die Kubaner halten ein kleines Schwätzchen. Auf ein erfrischendes kaltes lecker Bierchen muss man heute hier verzichten, denn die Barfrau wartet seit zwei Tagen auf ihren Lieferanten.

Nicht weit von dem Restaurant entfernt, weisen ein alter Panzer und ein Flugzeug auf das Museum über die Inversion von 1961 hin. Gegen ein kleines Eintrittsgeld erfährt man hier alles über die drei heißen Tage und die Helden der Schweinebucht.

Am Ende unserer Erkundungstour führt unser Weg unweigerlich durch das Hotel, welches sich direkt am Strand von Playa Giron befindet. Den Strand kann jeder betreten, doch will man an dem Pool des Hotels ein Sonnenbad nehmen, verlangt das Hotelpersonal eine kleine Kostenpauschale.

Das kleine Städtchen Playa Giron ist in drei Stunden erkundet und außer dem Museum bietet das Örtchen keine nennenswerten Höhepunkte. Der Strand ist durch einen vorgelagerten Wellenbrecher aus Beton geschützt und gleicht somit irgendwie einem maroden Hafenbecken. Da helfen auch die Kokospalmen nicht, die das Sonnenbaden zudem noch gefährlich machen.

Pooltag im Hotel

Wir haben alles Sehenswerte im Städtchen Playa Giron abgearbeitet und noch mehr als einen halben Tag Zeit, uns die Sonne auf den Bauch scheinen zu lassen. Wir zahlen 3,- CUC beim Personal des Strandhotels und dürfen uns an den Pool des Hauses legen. Es sind kaum Gäste im Hotel und so haben wir die Sonnenliegen fast für uns allein. Den ersten Anranzer gibt es dann gleich, als ich ein erfrischendes Bad im Schwimmbecken nehmen möchte. Ich werde „freundlich" darauf hingewiesen, dass der Pool erst ab 10.00 Uhr zu benutzen ist. Und jetzt ist es 9.55Uhr. Ich verlasse also wieder das Wasser und als ich mich gerade ins Handtuch einwickele, kommt der Poolboy wieder auf mich zu und gibt Bescheid, dass ich jetzt ins Wasser kann. Es muss eben alles seine sozialistische Ordnung haben.

Wir entdecken ein Beachvolleyballfeld am Strand und fragen nach, ob es irgendwo einen Volleyball auszuleihen gibt. Die verdutzten Blicke der Hotelangestellten verraten uns jedoch, dass das Wort Volleyball lange nicht benutzt, geschweige denn ein solcher hier schon mal gesehen wurde.

Was uns bleibt, ist die kleine Hotelbar, die neben leisen Salsaklängen, frisch gezapftes Bier und eine bescheidene Auswahl an Mixgetränken bietet. So endet auch dieser Tag, wie schon einige zuvor, mit einem leichten Schwips und der Erkenntnis, dass auch an diesem Ort, nicht das Kuba ist, von dem viele, vor unserem Urlaub so geschwärmt haben.

Das Nachtleben von Playa Giron

Der Abend ist noch jung und wir beschließen noch ein bisschen um die Häuserecken zu ziehen. An der zentralen Anlaufstelle des Städtchens, dem mit Palmenblättern gedeckten Restaurant und der dazugehörigen Bar, hören wir das erste Mal in diesem Urlaub laute Musik. An der Bar stehen auch ein paar Gäste und schlürfen Rum. Wir gesellen uns dazu und kommen schnell ins plaudern mit den Einheimischen. Wir, das sind meine Frau , unsere drei Freunde und ich.

Das Licht ist schummerig und nach kurzer Zeit haben sich zwei „Mädels" zu uns gesellt und checken die Lage, ob da nicht ein junger Mann für sie zu erobern wäre. Ein Kumpel von uns geht dann auch der einen schokoladenbraunen Miss Kuba ins Netz und wird von ihr nicht mehr losgelassen.

Wir wechseln die Lokalität und mit dabei sind die beiden Strandgirlies. Auf der Terrasse eines kleinen Restaurants, vor den Toren des Strandhotels, suchen wir uns einen Platz. Die Speisekarte ist vielversprechend und wir rufen den Kellner. „Schweinesteak gibt's heute leider nicht." „Ich dachte das Rindersteak wäre schon längst von der Karte gestrichen." „Für Pizza haben wir kein Käse." Das waren die Antworten auf unsere Bestellung. „Spaghetti mit Tomatensoße wären noch im Angebot." Na gut, das ist besser als gar nichts.

Das Licht in dem Lokal ist etwas heller, als in der Bar zuvor und wir können uns die beiden, im Schlepptau befindlichen Miezen genauer anschauen.

Unser Freund, dem in der Zwischenzeit schon ein Heiratsantrag gemacht wurde, erkennt nun auch, dass das Fräulein Kuba an seiner Seite nicht in sein Beuteschema passt. Sie ist geschätzte auchtundvierzig Jahre alt, schafft es aber älter auszusehen. Die andere Lady hat etwa einhundert Kilogramm, die bei einer Größe von 1,50m sehr robust wirken und der Dame in ihren knallengen, bunten Leggins Respekt verschafft.

Die Mädels wieder loszuwerden war längst nicht so leicht, wie sie aufzugabeln, doch irgendwie gelingt es uns und wir treten unseren Heimweg an. Das Nachtleben von Playa Giron - mit etwas Alkohol kann es doch sehr amüsant sein.

Anmerkung: das Frühstück in einer Casa Particular

In jeder Casa Particular, bekommen die Gäste neben einem Bett auch immer ein Frühstück angeboten. Manchmal ist es im Zimmerpreis mit enthalten, doch meistens wird es extra berechnet. Uns kostete es jedes mal 5,- CUC pro Person und beinhaltete Kaffee, Früchte der Saison, Brötchen und nach Verfügbarkeit Kochschinken und Käse. Dazu gibt es Eier gerührt, gekocht oder gebraten und manchmal auch Pfannkuchen. Satt sind wir immer geworden, was man aber auch für den Preis verlangen kann.

Der mobile Frisör

In unserer Pension hatte sich der Frisör angekündigt. Ein Stuhl auf dem Innenhof unserer Casa Particular bildete den Frisörsalon und alle Männer des Hauses und der Nachbarschaft ließen sich den Kopf verschönern. Ich hatte es auch bitter nötig und wagte eine Anmeldung bei dem Udo Walz von Kuba. Und da saß ich auch schon auf dem hölzernen Frisiersessel und der Kurzhaarschneider lief warm. Der Meister zog ein paar Furchen durch mein Kopfhaar und nachdem schon die Hälfte meiner Haarpracht auf dem Boden lag, wies er mich darauf hin, dass er aber nur einen Scherkopf ohne Aufsatz habe. „Was ich anfange, bringe ich auch zu Ende" waren meine Gedanken und so konnte ich dann nach fünf Minuten meine weiße Kopfhaut in die Sonne halten. Gewöhnungsbedürftig, aber das wächst ja wieder.

Auf die Frage nach der Entlohnung verlangte er 6 Peso. Natürlich gab ich ihm 6,- CUC, ohne darüber nachzudenken. Im Nachhinein war mir klar, dass dies das fünfundzwanzigfache seine Lohnes war, was mir aber nicht unbedingt leid tat. Schließlich spare ich durch die neue Frisur mindestens drei Friseurbesuche und vielleicht kann sich der Figaro jetzt noch ein paar Scheraufsätze mehr zulegen.

Mit dem Taxi nach Cien Fuego

Wir wollen Playa Giron verlassen und nach Cien Fuego weiter ziehen. Eine Busverbindung oder ein anderes, öffentliches Verkehrsmittel dorthin gibt es von Playa Giron aus nicht und natürlich kennt unsere Vermieterin den günstigsten Taxifahrer der Stadt. Dieser ist dann auch pünktlich um 8.00 Uhr am vereinbarten Ort und die Koffer werden im Kofferraum verstaut.

Wir handeln einen Preis von 70,- CUC für die ca. siebzig Kilometer lange Strecke aus und dann brausen wir auch schon los. Wieder ist unser Taxi ein geräumiger, amerikanischer Straßenkreuzer, dem man aber sein Alter keineswegs ansieht. Wir haben uns in der Zwischenzeit schon an diese alten Dinger gewöhnt und irgendwie sind sie nichts besonderes mehr.

Unser Weg zieht sich durch riesige Zuckerrohrplantagen. In einem kleinen Dorf steht nur eine Fahrspur zur Verfügung, weil die andere zum Trocknen von Reis zweckentfremdet wird. Das ist aber nicht weiter schlimm, da der Verkehr auch mit nur einer Fahrspur flüssig rollt.

Nach eineinhalb Stunden erreichen wir dann auch Cien Fuego. Das Angebot unseres Taxifahrers uns bei der Suche nach einer Unterkunft behilflich zu sein lehnen wir dankend ab, auch wenn er die Besitzer der allerbesten und günstigsten Casa Particular von Cien Fuego persönlich kennt. So stehen wir dann mit Sack und Pack im Zentrum von Cien Fuego und steuern direkt in ein kleines Lokal, welches schon die Stühle auf den Gehweg gestellt hat und mit einem randvoll, gefüllten Bierkühlschrank lockt.

Auf der Suche nach einem Bett in Cien Fuego

Das Zeichen für eine Casa Particular ist auf Kuba überall gleich und sehr gut zu erkennen. Wir lassen unsere drei Freunde in einer gemütlichen Schenke sitzen und meine Frau und ich machen uns auf den Weg die Betten für die nächste Nacht zu sichern.

Wir laufen durch die alten Gassen des alten Stadtzentrums und entdecken auch sehr schnell ein Hinweisschild auf eine Casa Particular. Auf dem Balkon des ehrwürdigen, alten, zweistöckigen Gebäudes steht eine junge Frau in weißem Nachthemd. Ich rufe ihr von der Straße aus zu und sie bittet uns prompt zu sich herein. Sie würde keine Zimmer vermieten, aber wir dürfen uns ruhig ihre Wohnung anschauen. Sie wird in der Zeit ihre Nachbarin aus dem Bett klingeln, die das ausgeschriebene Zimmer vermietet.

Eine Mitbewohnerin der Lady im Nachthemd gesellt sich zu uns und führt uns auf das Dach des Hauses, von wo man einen tollen Ausblick über die ganze Stadt hat. Die Einrichtung des Hauses scheint genauso alt zu sein, wie die Gemäuer selbst und wir fühlen uns die Zeit des reichen Kubas zurückversetzt, die lange der Vergangenheit angehört. Dann erscheint das weiße Nachthemd mit der Nachbarin im Schlepp, welche uns mitteilt, dass ihr Zimmer zur Zeit belegt ist. Sie hat aber schon einen Anruf getätigt und gleich käme ihre Freundin, die noch freie Zimmer hat.

So warten wir ein Weilchen bei der netten Frau im Nachthemd und bekommen auch noch einen Kaffee angeboten. Und was soll ich sagen, dieser Service kostete uns keinen einzigen Peso.

Ein Spaziergang durch Cien Fuego

Wir haben unser Quartier, nahe dem Stadtzentrum bezogen. Ein Dreibettzimmer und ein Doppelzimmer für jeweils 25,- CUC haben unsere Freunde und wir für die nächsten Nächte gemietet. Jedes Zimmer ist mit Klimaanlage, Kühlschrank und Bad ausgestattet und gemütlich eingerichtet. Ein großes Wohnzimmer mit Balkon und Fernseher stehen uns ebenfalls zur Verfügung.

Die Koffer sind abgestellt und wir machen uns auf, zu einem ersten Abstecher in das alte Stadtzentrum von Cien Fuego. Die Straßen der Innenstadt sind belebt und das Stadtbild des antiken Stadtkerns wird durch ehrwürdige Stadtvillen der Kolonialzeit geprägt.

In der Fußgängerzone tummeln sich viele Menschen, und vor einem Lebensmittelgeschäft bildet sich eine lange Schlange. Ich bin neugierig was es da gibt und drängele mich durch die Reihen. Über den Ladentisch werden Milchtüten gereicht, nur

Milchtüten! Eine nach der anderen und jeder in der Schlange hofft, dass er noch welche abbekommt.

Der nächste Menschenauflauf lässt nicht lange auf sich warten. Dieses Mal ist es ein kleines Cafe, das die Leute anzieht. Ein Kaffee ist keine schlechte Idee und auch wir positionieren uns vor dem Lokal. Eine ältere Frau bemerkt uns und ruft irgendetwas in den Laden. Schnell machen ein paar Kubaner einen Tisch frei, an dem wir platziert werden. Kurz darauf steht auch schon unser Kaffee vor unsere Nase, auch wenn dieser nicht mit einem Kaffee in Deutschland zu vergleichen ist. Er ist ganz klein, schwarz und mit einer halben Zuckerfabrik veredelt. 1 Peso kostet uns der Spaß und weil es so schön war, nehmen wir gleich noch einen hinterher.

Es kommen viele Touristen nach Cien Fuego um sich die alte Stadt anzuschauen. Das haben auch längst die Schnick-Schnack- und Souvenierhändler mitbekommen, die überall im Stadtzentrum zu finden sind, wobei natürlich jeder die besten und günstigsten Angebote hat.

Wir schlendern noch eine Weile durch die Straßen, schauen dem regen Treiben zu und lassen das kubanische Leben auf uns wirken, bevor wir dann wieder unser Quartier aufsuchen.

Ein Besuch in der Schule

Einer unserer Freunde Lars hatte sich vor seinem Kubaurlaub belesen und erfahren, dass Mitbringsel wie Kugelschreiber und Bleistifte für die ABC-Schützen des Landes immer Willkommen sind. So war es dann nicht verwunderlich, dass sein Koffer halb voll mit Schreibmaterialien war. Dieses schleppte er nun schon ein paar Tage mit sich herum, doch irgendwie entdeckten wir keine Schule, in der er es abladen konnte. In Cien Fuego wurden wir dann fündig, denn das Fenster einer Grundschule war zur Straße geöffnet und gewährte uns einen freien Blick auf die zukünftigen Verantwortlichen des Bruttosozialproduktes.

Etwas schüchtern reichte unser Freund zwei große Überraschungspakete durch das Fenster und drückte diese der Lehrerin in die Hand. Er hatte eine gute Tat vollbracht und diese kam bei den Kleinen auch sichtlich gut an. Bleibt zu hoffen, dass die Dinge am Ende auch die Richtige erreichen und die Lehrerin keinen Schreibwarenladen eröffnet.

Der allgegenwärtige Sozialismus

Hat man als Tourist die Chance, einen Einblick in die sozialistischen Produktionsstätten zu bekommen, sieht man, dass auf Kuba in Sachen technischer Fortschritt die Zeit stehen geblieben ist. Ich konnte heimlich durch ein Fenster in eine Schneiderei schmulen und ein Foto schießen. Oder war es vielleicht doch nur eine Ausbildungsstätte für Nähmaschienmechaniker?

Der feine, kulinarische Unterschied

Auf Kuba gibt es zwei Klassen von Restaurantes. Einmal sind das die, ich nenne sie mal Touribuden und zum anderen der Kubanerimbiss. Sie beide unterscheiden sich im Preis, Ambiente und Speisenangebot.

Die Speisekarte in der Touribude ist reichhaltig und auf den Touristen abgestimmt, wobei das erfahrungsgemäß nichts zu bedeuten hat. Wir haben oft erlebt, dass es viele Gerichte aus Mangel an elementaren Zutaten gar nicht gab. Wenn man die Chance hat Meeresfrüchte wie Garnelen oder Schrimps zu bekommen, sollte man zugreifen.

Der Preis liegt in den Touribuden um ein vielfaches höher als am Kubanerimbiss. Warum, war uns nicht ersichtlich, denn Geschmack, Menge und Frische war am Kubanerimbiss nicht selten bedeutend besser als beim noblen Touristenrestaurant nebenan.

Beim Ambiente schneidet klar die Touribude besser ab, denn der Kubanerimbiss ist oft gar nicht zu erkennen und selbst Sitzplätze sind keine Selbstverständlichkeit.

Anmerkung
Wer also mehr wert auf Schicki- Micki und teuer legt, für den sind die Touribuden das Richtige. Wer isst, um satt zu werden und wenn das Essen dann auch noch schmecken soll, der sollte einen der vielen kleinen Kubanerimbissstände suchen.

Der Yachthafen von Cien Fuego

Läuft man den Malecon von Cien Fuego entlang, kommt man zum Yachtclub der alten Stadt. Von hier aus fährt eine Fähre zur Festung von Jagua, die am Eingang zur Bucht von Cien Fuego erbaut wurde.

Ein kleines Restaurant, mit angenehmen Preisen und Bier vom Fass, befindet sich am Eingang zum Hafen. Es ist nicht nur ein Treffpunkt von Bootseignern der weißen Yachten und Segelboote, sondern auch Besucher sind hier herzlich willkommen und können sich von den Erzählungen der alten Seebären fesseln lassen.

Ein Nachmittag im Yachtclub

Es ist 11.00Uhr. Eigentlich wollten wir mit der Fähre nach Jagua schippern und uns die alte Festung anschauen. Doch die nächste Fähre fährt erst um 15.00Uhr am Nachmittag. So sitzen meine Frau, unsere drei Kumpels und ich, in dem kleinen Hafenlokal, bestellen einen saftigen Hamburger und schlürfen ein lecker Bierchen. Zu uns gesellen sich kurze Zeit später zwei deutsche Landsmänner, die aber schon lange auf Kuba leben und Mitglieder im Yachtclub sind.

Dann ist Mittagszeit und das Lokal hat sich gut gefüllt. Wir haben inzwischen zwei Tische zusammengeschoben, denn drei kubanische Mädels haben sich ebenfalls unserer Runde angeschlossen. Und wie das Leben so ist, die Fähre lassen wir dann am Nachmittag ohne uns abfahren. Unsere bunt zusammengewürfelte Gruppe bietet einfach zu viel Gesprächsstoff, zu viel lecker Bierchen und jede Menge Spaß, als dass wir uns jetzt die Seekrankheit holen müssten. Bis zur Dämmerung sitzen wir dann am Hafen bei ausgelassener Stimmung und ich glaube das Bierfass dürfte an uns gegangen sein.

Eine Beobachtung mache ich an diesem Nachmittag. Die drei kubanischen Mädels saßen nicht ganz uneigennützig bei uns am Tisch, sondern ich hatte das Gefühl, sie hofften die große Liebe zu finden. Und auch an den anderen Tischen fielen mir plötzlich die vielen hübschen, jungen Kubanerinnen auf, die sich an die, um ein vielfaches älteren, ausländischen Herren schmiegten. Von wegen des Seemanns Braut ist die See.

Endlich mal eine richtig große Portion, aber...

Es ist Abendbrotzeit und wir suchen uns ein schnuckeliges Restaurant am Malecon von Cien Fuego.

Meine Wahl fällt auf einen Grillteller, der sich vielversprechend anhört. Nachdem ich, bis zu diesem Zeitpunkt, immer ein wenig von der Größe der Portionen enttäuscht war, funkeln dieses Mal meine Augen und das Wasser läuft mir im Mund zusammen, als der Kellner mit meinem Essen kommt. Wow, vor mir steht ein großer Berg Fleisch mit knackigem Salat und Reis dazu. Die Enttäuschung ist dann umso größer, als ich den ersten Bissen auf der Zunge habe. Man sagt, das Auge isst mit, doch leider wird man davon nicht satt. Das ganze Essen schmeckt nach altem, ranzigen Fett und es bleibt bei der einen Gabel, die auf meiner Zunge landete.

Als der Kellner abräumen kommt sieht er meinen vollen Teller. Auf die Idee, dass etwas mit dem Essen nicht in Ordnung ist, kommt er nicht, sondern fragt verwundert, ob ich denn schon satt sei. Ohne eine Antwort abzuwarten schnappt er sich den verranzten Teller und ist schnell wieder verschwunden.

Fazit Cien Fuego

Zwei Tage haben wir uns in Cien Fuego aufgehalten. Wir sind mit der Pferdekutsche gefahren, haben einen Spaziergang in der Abendsonne am Malecon gemacht und einen Nachmittag am Hafen erlebt. Die Altstadt ist sehenswert und gibt dem Besucher einen Eindruck vom früheren Reichtum Kubas.

Die Einheimische Lebensart und der Inseltourismus liegen hier eng beieinander. Alles in Allem ist Cien Fuego einen Abstecher wert, und zahlreiche Casa Particulares warten auf ihre Gäste.

Nach zwei Tagen verlassen wir Cien Fuego in Richtung Landesinnere, nach Los Arabos. Unser Taxi gleicht dieses Mal dem Badmobil und steht pünktlich zur Abfahrt bereit.

Ankunft in Los Arabos

Eine Freundin von uns ist Kubanerin und wohnt in Deutschland. Aber auch sie ist zur Zeit auf Kuba und besucht ihre Familie. Eine Einladung lässt nicht lange auf sich warten und so wollen wir uns in ihrem alten zu Hause treffen.

Unser Taxifahrer lässt uns am Ortseingang von Los Arabos aussteigen und wird von uns verabschiedet. Das Städtchen ist nicht groß und wir haben eine Wegbeschreibung in der Tasche. Doch bevor wir uns auf die Suche machen, soll es schnell noch einen Happen zu essen geben. An der Straßenecke entdecken wir eine Gaststätte. Insgesamt drei Tische stehen in der Gaststube und wir quetschen uns an einen davon. Die Bedienung ist schnell zur Stelle und berichtet uns stolz, dass es Hühnchen zu essen gibt. „Ok, das nehmen wir."

Ich bin fasziniert von dem kleinen Lokal, das mich an eine Mitropa-Gaststätte, auf irgendeinem kleinen Bahnhof, in Mitten der damalige DDR erinnert. Dann kommt auch schon das Essen und dazu ein Zuckersaft, der garantiert keinerlei natürlich Zusätze enthält.

Das Essen war gut und wir schielen auf die Rechnung, welche die Kellnerin auf eine halben Serviette gemalt hat. 2,50 CUC für ein Menü steht darauf und das geht natürlich absolut in Ordnung.

Zu Besuch bei Freunden

Eigentlich sind wir für die Familie unserer Freundin wildfremde Menschen. Doch wir werden empfangen, als ob wir uns schon ewig kennen und wir mit zum Clan gehören. Nach einer halbstündigen Begrüßungsprozedur sitzen wir auf dem Hof vor dem kleinen Häuschen und kommen erst einmal zur Ruhe. „Durst auf ein Bier? Ich hab da mal ein Fass bestellt." - lässt uns der zukünftigen Schwiegersohn der Gastgeber wissen. Mit dem Fass Bier hat er überhaupt nichts falsch gemacht und dreißig Minuten später wird dieses auch schon geliefert. Die Bierkühlung ist so einfach wie genial. Man stellt das Fass in eine große Tonne und füllt dann den Rest mit Eis auf. Dann wird angezapft und fertig ist das eisgekühlte Bier vom Fass. Von Bierknappheit auf Kuba habe ich bis zu diesem

Zeitpunkt noch nichts bemerkt und dafür gibt's hundertprozentig einen Pluspunkt für Kuba.

Der Bahnhof von Los Arabos

Los Arabos ist ein kleines Städtchen im Inland von Kuba und Touristen sieht man hier gar nicht oder eben nur selten. Wir drehen eine erste Runde durch die Straßen und landen am alten Bahnhof von Los Arabos. Kaum vorzustellen, dass hier noch ein Zug fährt, doch er tut es. Will man aber mit dem „ICE" von Kuba mitfahren, muss man sich lange vorher anmelden, denn einen geplanten Stopp an dem alten Bahnhof gibt es nicht. Der Bahnhof würde eine tolle Kulisse für einen Westernfilm abgeben und irgendwie rechnet man jeden Moment damit, das Clint Eastwood um die Ecke geritten kommt. Für mich eine echte Touristenattraktion, jedoch fehlen die Touristen.

Unter Kubanern mitten in Kuba

Das Städtchen Los Arabos strahlt Ruhe aus. Kein Straßenlärm, kein Stress und keine Hektik. Hauptfortbewegungsmittel sind Kutschen, Fahrräder und Fahrradtaxis. Wir laufen durch das „Stadtzentrum", das sich auf etwa zweihundert Meter konzentriert. Mit neugierigen Blicken werden wir beobachtet und man nickt uns freundlich zu. Ein älterer Mann spricht uns auf englisch an und fragt, ob wir Amerikaner seien. Dass wir Deutsche sind und dann auch noch spanisch sprechen erfreut ihn sichtlich und er wünscht uns einen schönen Tag. Dieses kleine Städtchen ist ein Stück wahres Kuba und noch unverdorben, weil vom Tourismus verschont geblieben. Und auch wenn es hier auf den ersten Blick scheinbar nichts gibt, so wird man doch angesteckt, von der Zufriedenheit, die hier in der Luft liegt.

Der Imbiss an der Ecke

Auch wenn es den Anschein hat, dass in dem kleinen Örtchen Los Arabos nichts los ist, so gibt es doch zwei „Pizzabäcker, eine Hand voll Hamburgerstände und Eisläden. An einer kleinen Holzbude liegt ein frisches Spanferkel auf dem Tresen und eine Portion mit Brötchen gibt's schon für 2 Peso. Wenn der kleine Hunger kommt, ist also für jeden Geschmack etwas zu haben. Das Kuriose dabei ist, auch wenn die Straßen nicht gerade mit Menschen überfüllt sind, an den kleinen Imbissbuden herrscht immer Andrang.

Das mobile Bierfass

Es ist Samstagvormittag und eine leichte Brise verweht die heißen Sonnenstrahlen. Mein geschultes Auge entdeckt ein Hinweisschild, welches einen halben Liter eisgekühltes Fassbier für 7 Peso anpreist. Bis Dato zahlten wir nie unter 1,- CUC für ein drittel Liter Döschen Bier. Der Sache muss auf den Grund gegangen werden und dann sind wir auch schon mitten drin, im samstäglichen, kubanischen Frühschoppen. Die Männer der näheren Umgebung haben sich vor einem alten Anhänger mit hölzernem Aufbau versammelt und stehen vor dem kleinen, vergitterten Fenster des Bretterkastens. Hier, gibt es den leckeren Gerstensaft.

Der Zapfer hinter dem vergitterten Fenster, hat alle Hände voll zu tun und reicht ein Glas nach dem anderen aus der kleinen Luke. Wobei die Beschreibung Glas, für zwei ineinander, verklebte

Bierdosen vielleicht etwas übertrieben ist. Angst, dass man nichts mehr abbekommt braucht keiner zu haben, denn ich schätze den Inhalt des Fasses auf zweitausend Liter. So zahlen wir unsere 7 Peso und verkosten das lecker Bierchen. Es ist bestimmt nicht nach deutschem Reinheitsgebot gebraut und verwendet wurde garantiert auch kein Felsquellwasser, aber es schmeckt trotzdem nach Bier. Wir bleiben noch ein Weilchen an der kleinen Brauerei stehen und unser Becher wird noch einige Male gefüllt. Ein typisch kubanischer Vormittag und das ganz ohne Rum.

Das Automobil in Kuba

In den touristisch erschlossenen Gebieten auf Kuba wird das Straßenbild von den alten, amerikanischen Limousinen der fünfziger und sechsziger Jahre geprägt. Aber auch Neuwagen der heutigen Zeit und gute Gebrauchte fahren hier auf den Straßen. Im Hinterland hingegen wechselt das Szenario und während Neuwagen hier fast gar nicht mehr zu sehen sind, werden auch die amerikanischen Schlitten auf dem Asphalt weniger. Wo der ganz normale Kubaner wohnt, ist das Hauptfortbewegungsmittel die Pferdekutsche, das Fahrrad oder das Fahrradtaxi. Trifft man dann doch einmal auf motorisierte Fahrzeuge sind es die Modelle der damalige sozialistischen Bruderstaaten. Moskwitsch, Wolga und

Skoda sind hier überall zu sehen und natürlich auch der Lada hat seinen festen Stammplatz. Ein ganz besonderes Model des Ladas, hielt nicht weit von unsere Unterkunft und der Fahrer stellte sich stolz dem Fotoshooting.

Doch egal welches Fahrzeug, ob alt oder neu, frisch lackiert oder verrostet und leise oder quitschend, die Kubaner sind immer stolz auf ihre Automobile.

Kindergeburtstag auf Kuba

Unsere Gastgeber feiern Kindergeburtstag und wir dürfen mitfeiern. Das halbe Dorf hat sich in dem kleinen Wohnzimmer des Hauses versammelt und wartet auf das, was kommen mag. Ein Clown tritt in die gute Stube und bringt die Kids in Stimmung. Es werden Spielchen gespielt und Preise verteilt. Und dann gibt's endlich die Torte. Natürlich auch für uns und die vielen Mutti´s, die die Kinder mitgebracht haben.

Am späten Nachmittag verabschieden sich dann die kleinen Gäste wieder und gehen fröhlich nach Hause. Die Großen feiern noch bis in die Nacht weiter. Schließlich ist da noch ein Fass voll Bier und das muss am nächsten Tag leer wieder abgegeben werden.

Mit dem Taxi ins Nirgendwo

Wir verabschieden uns von unseren Freunden und meine Frau und ich reisen von nun allein weiter. Auf der Suche nach dem ultimativen Traumstrand führt uns unser Weg wieder an die Atlantikküste. Unser Taxi ist dieses Mal ein Moscwitsch und mit dem Chauffeur handeln wir einen super Preis von 24,- CUC aus. Einhundert Kilometer ist unser Ziel entfernt und für diese Strecke haben wir auch schon einmal 120,- CUC bezahlt.

Nach knappen zwei Stunden sind wir angekommen. Banos de Elguea heißt der Ort und wir lassen uns von unserem Taxifahrer absetzen. Eigentlich hatten wir gedacht, dass es hier ein kleines Dorf oder Städtchen gibt. Doch wir finden nichts, außer einem Hotel. Na gut, jetzt sind wir schon mal da und es ist später Nachmittag, also bleiben wir auch hier. An der Rezeption erkundigen wir uns nach dem Preis und checken dann für 28,- CUC pro Zimmer und Nacht, inklusive Frühstück ein.

Ich schaue aus dem Fenster aus unserem Hotelzimmer und suche nach einem Hinweis von Zivilisation. Doch da ist wirklich nichts, nur unser Hotel.

Baños de Elguea

Wir machen einen Erkundungsgang in die nähere Umgebung unseres Hotels. Ein alter Maschendrahtzaun grenzt das Hotelgelände ein. Pferde und Schafe grasen auf den umliegenden Wiesen. Die Straße, die zum Hotel führt endet auch gleich hinter dem Hotel an einem eisernen Tor. Dieses ist mit einer Kette verschlossen, aber ein großes Loch im Zaun weist uns den Weg. Ein Stückchen weiter entdecken wir Mauerreste ehemaliger Gebäude. Es sind die Grundmauern eines alten Schwefelbades, welches schon bessere Zeiten erlebt haben muss.

Wir inspizieren die baufälligen Badebecken, welche von den vielen Schwefelquellen gespeist werden, deren Wasser sich durch kleine, künstlich angelegte Kanäle schlängelt.

Meine Frau ist mutig und hält ihre Füße in eine der Quellen. Das Wasser hat eine Temperatur von geschätzten 40°C und sprudelt glasklar aus der Erde. Es riecht ein bisschen faul, was uns aber nicht davon abhält Hände, Gesicht und Arme damit zu baden. Wenn die Parteibonzen hier früher drin geplanscht haben, kann es ja nicht schlecht für die Haut sein.

Unser Erkundungsgang ist zu Ende und auf dem Rückweg zum Hotel laufen wir durch eine kleine, menschenleere Bungalowsiedlung. Einige der Häuschen haben keine Türen oder Fenster. Es sieht aus wie eine Geisterstadt und doch muss hier bis vor kurzem noch Leben gewesen sein, denn auf den Tischen des Restaurants, das den Mittelpunkt der Anlage bildet, stehen noch Blumenvasen mit halbverwelkten Blumen. Später erfahren wir, dass dies ein Drogencamp ist, in dem Drogensüchtige aus Venezuela, in einer dreimonatigen Kur entgiftet werden.

Ein Hotel für uns alleine

Es ist unsere erste Nacht auf Kuba, die wir in einem richtigen Hotel verbringen. Laut Kalender ist Winter und Nebensaison und mal abgesehen von den Schwefelquellen, gibt es auch nichts in der näheren Umgebung des Hotels, was einen Aufenthalt in selbigem interessant macht.

So ist es nicht verwunderlich, dass wir das Zweihundertzimmerhaus für uns alleine haben und am Abend die einzigen Gäste an der Bar sind.

Abgesehen von der restlichen Belegschaft, die sich ebenfalls um die Bar versammelt hat. Warum auch nicht, es gibt ja nichts zu tun.

Die Hotelanlage ist nicht die modernste und wirkt irgendwie kahl und geschmacklos. Ein wenig frische Farbe würde die ganze Sache schon etwas aufpeppen und der Garten würde sich über mehr Liebe und Zuwendung sehr freuen. Die ganze Anlage verkörpert das Kuba, wie wir es bis zu diesem Zeitpunkt fast überall kennengelernt haben - ausgelaugt, bröckelnd und vergessen.

Unsere Freunde hinterm Tresen

Die Bar ist sehr übersichtlich und aufgeräumt. Die zwei Barmänner machen ein Schwätzchen, denn zu tun gibt es momentan nichts. Wir gönnen uns ein Gute Nacht Bier und kommen mit den beiden hinter der Bar ins Gespräch. Wo in der Nähe der schönste Strand ist, fragen wir nach. So richtig typisch karibisch und ohne Touristen. Und vielleicht noch ein paar Fischer, die uns frische Langusten verkaufen. Kurz entschlossen bieten uns die Beiden an, am nächsten Tag uns diesen Strand zu zeigen.

Die einzige Möglichkeit vom Hotel ins nächste, zwölf Kilometer entfernte Dorf zu kommen, ist der Hotelbus. Dieser befördert zwei Mal am Tag das Hotelpersonal und auch wir dürfen mitfahren. Begleitet werden wir von den beiden Barbkeepern des letzten Abend. Ich will wissen, wie weit wir fahren müssen und erfahre, dass der Traumstrand nur ungefähr zwanzig Kilometer vom Dorf entfernt liegt. An der Endstation des Hotelbusses steigen wir aus und ich bin gespannt, wie wir weiter reisen werden. Völlig unspektakulär besorgen die zwei Barmänner das einzige Taxi des Dorfes, doch 50,- CUC ist uns die zwanzig Kilometer lange Fahrt nicht wert und ich frage nach einer anderen Transportmöglichkeit. Angeblich gibt es keine. Ich bin ein bisschen sauer und wir verabschieden uns von unseren Guides. Doch welch ein Wunder, plötzlich haben sie noch eine andere Mitfahrmöglichkeit gefunden und diese kostet uns jetzt nur 10 Peso pro Person.

Als wir dann an dem vermeintlichen Traumstrand, der Playa Planchita ankommen, saust der eine Kumpel auch gleich los und will Langusten besorgen. Wir haben Glück, sagt er, denn sein Freund hat gerade welche da und kann uns diese für 30,- CUC pro Portion zubereiten.

Die zwei Tresenkumpels liegen einfach nicht auf unserer Wellenlänge. Mit der Bemerkung, dass wir nicht ihr privater Geldautomat sind, bedanken wir uns bei ihnen und setzen unsere Suche nach dem karibischen Traumstrand alleine fort, denn die Playa

Planchita ist nicht das, was wir suchen.

Die Playa ?

Auf der Ladefläche eines LKW fahren wir entlang der Küstenstraße. Am Abzweig zur Playa ? verlassen wir die komfortable Kippmulde und laufen zu Fuß weiter. Nach zwei Kilometern sind wir da. Mit Stroh bedeckte Sonnenschirme stehen überall am Strand, der menschenleer ist. Der Sandstrand ist mit Gras bewachsen und es scheint so, als ob hier schon lange niemand mehr in der Sonnen lag. Eine schmale asphaltierte Straße schlängelt sich direkt am Strand durch die Landschaft.

Wir entdecken ein Restaurant, welches aber geschlossen scheint. Doch als wir näher kommen, schaut ein Mann aus dem Fenster und winkt uns zu sich. „Kommt rein, wir kochen euch etwas."

Wir bestellen uns eine Hühnerkeule mit Salat. Ein großer, hoher Saal stellt den Gastraum des Restaurants dar. Weiße Plastikstühle und kahle

Wände machen die Gastube so richtig „urgemütlich". Es gibt kubanisches Bier, das eisgekühlt ist. Auf unser Essen warten wir 45 Minuten, was uns aber nicht stört, da wir froh sind, uns von unserem zwei Kilometer langen Fußmarsch auszuruhen.

Das Essen ist eine ordentliche Portion und schmeckt gut. Insgesamt 100 Peso zahlen wir für unsere Speisen und vier kleine Flaschen Bier. „In der Hochsaison ist hier der Teufel los." erzählt uns der freundliche Betreiber des Lokals. Doch heute sind wir allein und treffen keinen weiteren Menschen. Wir laufen den Strand entlang und stellen fest, wieder ist es nicht der Ort, den wir eigentlich suchen.

Der ultimative Härtetest für Badelatschen

Ein weiterer Tag in Kuba neigt sich dem Ende. Wir sind auf dem Heimweg zu unserem Hotel und laufen durch das kleine Städtchen ?. Am Straßenrand warten wir auf einen Bus oder irgendeine andere Mitfahrgelegenheit. Doch die einzigen motorisierten Fahrzeuge, die an uns vorbei fahren sind zwei Traktoren der Marke Bellorus. Wir winken eine Pferdekutsche heran und der Kutscher fährt uns bis zur Abbiegung, die zu unserem Hotel führt. Von hier aus sind es noch acht Kilometer bis zum Ziel, doch das Pferd hat jetzt Feierabend. So machen wir uns zu Fuß auf den Weg, in der Hoffnung, dass vielleicht jemand vorbeikommt und uns mitnimmt. Die Straße zieht sich schnurgerade durch das Gelände und hat scheinbar kein Ende. Die Sonne steht tief am Horizont und es ist windstill. Ideale Bedingungen für Moskitos, die auch nicht lange auf sich warten lassen. So wird die Wanderung zum Extremsport, denn damit die kleinen

Blutsauger nicht landen könne, müssen alle Körperteile in Bewegung gehalten werden. Die ersten Blasen an den Zehen füllen sich mit Wasser und noch immer ist uns kein Mensch, geschweige denn ein Fahrzeug begegnet. Nur die weidenden Rinder schauen uns mitleidig hinterher.

Nach anstrengenden zwei Stunden, unzähligen Mückenstichen und abgelatschten Gummisohlen sehen wir endlich das Dach unseres Hotels. Ich grübele nach, wie das Haus in dieser Einöde überleben kann und gerade als wir in die Einfahrt des Hotels biegen höre ich ein Auto hinter uns. Das wäre sie also gewesen, unsere Mitfahrgelegenheit. Doch jetzt sind wir am Ziel und sitzen schnell an der Bar. Als das Hotelpersonal hört, dass wir den ganzen Weg gelaufen sind, machen sie große Augen und husch, haben wir eine eisgekühlte Dose Bier in den Händen. „Auf Kosten des Hauses."

Unterwegs auf Kubas Straßen

Es ist kurz nach sieben Uhr und der Morgen ist noch jung. Nebel liegt über den Wiesen und wir sitzen am Straßenrand.

Unser Ziel ist die Hauptstadt Havanna. Wie wir dort hin gelangen steht bis dahin noch in den Sternen. Bei jedem Fahrzeug, das an uns vorbeifährt heben wir den Daumen. Die Hoffnung hier einen Bus oder Taxi zu ergattern haben wir aufgegeben. Tatsächlich, nach geschlagenen drei Stunden, hält ein kleiner Eiswagen an und wir können im leeren Kühlraum des Transporters Platz nehmen. Eine Tür dürfen wir geöffnet lassen, damit wir auf der Fahrt keine Frostbeulen bekommen. Nach vierzig Minuten Fahrtzeit, werden wir abgesetzt, weil der Fahrer eine andere Richtung einschlägt. Geld verlangt der gute Mann keines.

Dann warten wir nur dreißig Minuten, als ein LKW auf unsere Daumen reagiert und bremst. Durch ein kleines Loch im Auflieger klettern wir auf die Ladefläche, auf der schon vier Kubaner Platz genommen haben. Nach geschätzten zwanzig Kilometern ist der Fahrer zu Hause angekommen und wir müssen aussteigen. Unsere Mitfahrer sagen uns, dass wir bis ins nächste Dorf laufen müssen, weil dort die Chance ein Fortbewegungsmittel zu ergattern, größer ist. Also laufen wir mit unseren Mitfahrern die Straße entlang. Wir kommen an eine größere Kreuzung, und der Verkehr nimmt tatsächlich zu. Fünf Minuten später sitzen wir auch schon auf dem Bodenblech eines alten Jeeps, sowjetischer Herkunft.

Auch hier müssen wir nichts bezahlen, als wir aus dem Auto krabbeln.

Jetzt nimmt uns ein freundlicher Mann an die Hand und führt uns ein paar Häuserecken weiter. „Dort vorne stehen Sammeltaxis, so genannte Maquinas, die kosten pro Person 1,- CUC und bringen euch in die nächste Stadt." Ich bin verdutzt, dass der Mann von uns kein Geld für die Auskunft verlangt oder Provision vom Fahrer kassiert. Solche Menschen gibt es also auch auf Kuba.

Mit einem der empfohlenen Taxis fahren wir geschätzte dreißig Kilometer, in die nächst größere Stadt. Und tatsächlich kostet uns die Fahrt nur 1,- CUC pro Person.

Jetzt sind es noch einhundertzwanzig Kilometer bis in die Hauptstadt und wir werden von einem Taxifahrer angesprochen und gefragt, wo wir hin wollen. Nach kurzen Verhandlungen einigen wir uns auf 70,- CUC, für die uns der Fahrer nach Havanna bringt. Einen günstigeren Transport werden wir heute nicht mehr finden.

Ich habe noch nie solch ein Wirrwarr im Personenverkehr erlebt wie auf Kuba. Es gibt keine, annähernd gleichen Preise und keine erkennbaren, öffentlichen Verkehrsmittel oder gar geregelte Abfahrtszeiten. Grundsätzlich haben wir die Erfahrung gemacht, dass in den touristisch erschlossenen Gebieten das Taxi für lange Strecken die einzige Alternative und der Preis absolut variabel ist. Die Pferdekutsche bringt einen in die nähere Umgebung und bewegt man sich auf den Wegen abseits der Hauptverkehrsströme braucht man viel Geduld und einen starken Daumen.

Herzlich willkommen in Havanna

Unser Taxifahrer setzt uns im Zentrum der Altstadt Havannas ab. Die Straßen sind voller Leben und durch die Gassen drängeln sich viele Reisegruppen mit ihren Tourguides. Überall gibt es Souvenire, Zigarren und Havannarum. Für die Touristen haben sich ein paar dicke Kubanerinnen in bunte Kleider gequetscht und lassen sich für „preiswerte" 5,- CUC mit ihnen fotografieren. An der Straßenecke spielt eine Band das berühmte Chan Chan und gegenüber malt ein Künstler Portraits auf eine Leinwand.

Wir sind fasziniert von den alten ehrwürdigen Gebäuden und den verwinkelten kleinen Gassen. Ein Teil der Häuser und Geschäfte ist liebevoll und aufwendig restauriert worden und gleich daneben bröckelt die Fassade einer Stadtvilla und junge Bäumchen wachsen aus der Dachrinne.

Wir genießen die letzten Sonnenstrahlen auf der Plaza de Armas, bei einem Kaffee bis es dunkel ist. Dann wird es schnell ruhig auf den Straßen der Innenstadt. Die Reisebusse der Tourunternehmen treten die Heimfahrt an und mit ihnen die Touristen.

Im „El Rum Rum", einem kleinen Restaurant in einer Seitengassen nehmen wir Platz und bestellen unser Abendessen. Unsere erste Mahlzeit in Havanna und an dieser gibt es absolut nichts auszusetzen.

Unsere Casa Particular befindet sich in unmittelbarer Nähe des alten Stadtkerns und nach einem anstrengenden Tag fallen wir müde in unsere Betten.

Havanna erleben

Die Morgensonne taucht die Straßen der Altstadt von Havanna in ein warmes Licht. Die Stadt beginnt zu leben und die Menschen kommen aus ihren Häusern. Es ist die beste Zeit, um durch die Gassen zu schlendern und Kubas Metropole auf sich wirken zu lassen. Auf den Balkonen hängt bunte Wäsche und schaukelt im leichten Wind. Eine ältere Frau sitzt im Nachthemd auf ihrer Terrasse und schaut auf das morgendliche Treiben. Zwischen den schiefen Fenstern einer bröckeligen Häuserfassade herrscht reger Flugverkehr an einem Taubenschlag.

Ein Sandwich mit Kaffee ist unser Frühstück und wie schon so oft, kaufen wir dieses beim kleinen kubanischen Imbiss für 15 Peso cubano. Der Berufsverkehr Havannas zieht sich durch die Stadt und amerikanische Straßenkreuzer stehen Stoßstange an Stoßstange, mit Lada oder Skoda.

Ich kann nicht sagen was es ist, aber Havanna zieht uns in seinen Bann und strahlt irgendwie Ruhe und Geborgenheit aus. Einen ganzen Tag lang lassen wir die Stadt auf uns wirken. Wir spazieren den Malecon entlang, über historische Plätze vorbei an geschichtsträchtigen Bauten und durch die entlegensten Gassen der Altstadt. Die touristischen Sehenswürdigkeiten lassen wir dabei bewusst außer Acht und vielleicht ist es gerade das, was uns Havanna so sympathisch macht.

Senora Cerveza

Es ist um die Mittagszeit herum und wir sitzen auf einer hölzernen Bank, irgendwo mitten in Havanna. Ich beobachte seit ein paar Minuten eine ältere Frau, die sich an die Schlange eines kleinen Getränkeshops gestellt hat. Kurz vorher saß sie noch auf dem Fußweg und hielt bei vorüber gehenden Passanten ihre Hand auf. Als sie an der Reihe ist, reicht der Verkäufer ihr eine Papiertüte über den Ladentisch, in der eine Flasche Bier steckt. Dann kommt sie zu unserer Bank und setzt sich neben uns. Ohne von uns gefragt zu werden, fängt sie an zu erzählen. Sie sitzt jeden Tag hier und das seit über fünfzehn Jahren. Achtundsiebzig Jahre ist sie alt und alles was sie besitzt ist ein Bett, das bei einer Freundin steht. Früher war sie Lehrerin und ihre heutige Rente reicht für etwas zu essen. „Hier bin ich wegen der leckeren Getränke, denn wer will schon jeden Tag Wasser trinken." Das Bier schmecke

ihr am besten, sagt sie und es gibt Tage da stecken ihr die Passanten Peso im Wert von bis zu zehn Bieren in die Hand.Ich hole uns auch eine Flasche Bier und bringe der netten, alten Lady eine mit. Sie bedankt sich höflichst, steckt das Bier mit in die Papiertüte und verabschiedet sich auch sofort von uns. „Ich muss wieder an die Arbeit, denn gleich kommen die ganzen Leute von ihrer Mittagspause.

„Tolle Frau!" Dann sind unsere Flaschen leer und beim gehen winkt sie uns noch einmal zu.

Die letzten Schlitzohren

Wir haben es uns in einem kleinen gemütlichen Lokal bequem gemacht und das Essen bestellt. An unseren Tisch gesellt sich ein Mann mit Gitarre und fängt an zu spielen.

Er spielt sehr gut und doch stört er unsere Ruhe. Er verwickelt uns in Gespräche und erzählt, dass ihm das Lokal gehört. Am Ende bietet er uns seine CD mit klassischer Gitarrenmusik für 15,- CUC an. Wir stehen nun gar nicht auf diese Art der Musik und lehnen dankend ab. Dann bringt er uns die Rechnung und meint, dass wir doch eine Kleinigkeit für den Künstler im Trinkgeld einplanen sollen. Die Rechnung beläuft sich auf 14,- CUC. Ich bezahle mit einem Zwanziger und mit diesem verschwindet die Bedienung im Hinterzimmer und nachdem wir dreißig Minuten vergebens auf das Wechselgeld gewartet haben, verlassen wir, einmal mehr enttäuscht von den Kubanern, das Restaurant.

Auf geht's nach Hause

Um sieben Uhr morgens startet unser Flieger und wir sind früh auf den Beinen. Das Frühstück in unserer Unterkunft kostet 5,- CUC pro Person und da es meiner Frau nicht so gut geht, haben wir nur eins geordert. Der Hausherr bringt das Frühstück und mit dabei hat er die Rechnung.

Drei Kekse, zwei Bananen, eine Papaya und ein Kaffee steht für mich bereit. Auf der Rechnung stehen neben den Kosten für die Unterkunft auch zwei Bier, welche ich aus dem Kühlschrank in unserem Zimmer genommen hatte. Für diese berechnet der gute Mann wie vorher abgemacht, 1,50 CUC pro Bier. Ich weise ihn nun darauf hin, dass ich noch zwei Flaschen mehr getrunken habe. Nun fordert er dafür 4,-CUC und ich berichtige ihn, dass es doch für zwei Flaschen nur 3,- CUC wären. Nein, mit dem 1,50 CUC habe er sich geirrt. Das Bier kostet jetzt 2,- CUC pro Fläschchen. Es ist früh am Morgen und ich bin nicht in der Stimmung zu streiten. Also zahle ich ihm seine Rechnung und lasse eben das Trinkgeld weg.

Kurze Zeit später sind wir auf dem Weg zum Flughafen. Wir freuen uns auf zu Hause und müssen feststellen, dass wir nicht vom Kubavirus angesteckt sind.

Adios Cuba

Nachwort

Bei seiner Landung auf Kuba beschrieb Kolumbus die Insel als: „das schönste Fleckchen Erde, was des Menschen Auge jemals sah." Das sagte er auch bei seiner Landung auf Hispanola und wer weiß, wo noch überall. Wir haben das Kuba, welches wir gesucht haben, nicht gefunden und lernten satt dessen ein Kuba kennen, das uns nicht begeistern konnte.

Auf unserer Reise vermieden wir bewusst die großen „All Inclusiv Anlagen" um das echte Kuba zu entdecken, doch wenn man keine kubanischen Bekannten oder Verbindungen hat, ist es sehr schwer, in die Welt der Kubaner einzudringen.

Die zwei Währungen auf der Insel und die enormen Preisunterschiede teilen die Menschen in zwei Klassen, was überall deutlich zu spüren ist. Gerade dieser Aspekt machte es meiner Frau und mir nicht leicht, uns mit der Insel, ihren Bewohner und der kubanischen Lebensart zu identifizieren.

Die Fortbewegungsprobleme im Hinterland sind Nerven aufreibend und ließen für uns keinen entspannten Urlaub zu. Ein Mietwagen bietet hier wahrscheinlich die einzige Alternative, aber die Tatsache, dass diese schon am Nummernschild zu erkennen sind, lässt vermuten, dass es auch bei einem Mietwagen sicherlich Schwierigkeiten geben kann.

Kuba befindet sich im Umbruch, doch es werden gewiss noch einige Jahre vergehen, bis die karibische Insel auch uns in ihren Bann ziehen kann. Ich bin mir sicher, dass dies irgendwann der Fall sein wird, und dann kommen wir wieder.

„Fuerza Cuba"

Weitere Bücher aus meiner Feder

Seitdem ich mit meiner Familie 2008 nach nach Paraguay ausgewandert bin, berichte ich über unsere Erlebnisse in meinem Blog www.parakay.blogspot.com

Daraus entstand dann mein erstes Buch

Abenteuer Auswandern: Neuanfang in Paraguay Wie eine deutsche Familie in Südamerika eine neue Heimat fand

ISBN: 3656560722

Der erste Teil der Badelatschero-Reihe

Zwei Länder - Vier Flip-Flops:
Zwei Badelatscheros unterwegs in Panama und Costa Rica

ISBN: 3734742110